U0129327

十萬山人集

鄧 鎮 湘 著

文 學 叢 刊

文史哲出版社印行

國家圖書館出版品預行編目資料

十萬山人集 / 鄧鎮湘著, -初版 --臺北市：文史哲, 民 105.08
頁;　公分（文學叢刊；366）
ISBN 978-986-314-314-7（平裝）

851.486　　105014379

文 學 叢 刊 366

十 萬 山 人 集

著　者：鄧　鎮　湘
出版者：文　史　哲　出　版　社
http:// www.lapen.com.tw
e-mail：lapen@ms74.hinet.net
登記證字號：行政院新聞局版臺業字五三三七號
發行人：彭　正　雄
發行所：文　史　哲　出　版　社
印刷者：文　史　哲　出　版　社
臺北市羅斯福路一段七十二巷四號
郵政劃撥帳號：一六一八〇一七五
電話886-2-23511028・傳真886-2-23965656

定價新臺幣二〇〇元

2016 年（民一〇五）八月初版

著財權所有・侵權者必究

ISBN 978-986-314-314-7　09366

代序

窗明窗暗夢中驚，客思繞邊城。
大山十萬，明江水綠，
羞借故山名。
仙洲清淺催人老，六紀異鄉情。
點檢餘生，痴言醉語，
自詠晚山青。

——少年遊

十萬山人集

目次

卷上　十萬山人詞

十萬山人詞目次

卷上

瑞鶴仙　勸月

紺煙迷宕夕。漸晚課声微、巷喧初息。幽思動秋壁。望侵簾冷月、欲言還憾。素娥似泣、念明江、依然翠碧。夢中行、化鶴身歸、拾取舊園蹤跡。

寂寂。家山何處？院柏庭陰、可曾如昔？魂追魄挹。凋零故舊誰覓？勸玉盤、伴我南窗醉飲、休照枌榆老宅。想邊城、幾易桑田、桂華未識。

歲次癸巳季秋三五之夜

桂南十萬山人鄧夏吟草

邁陂塘

廿年前過龐統祠，有蜀叟鼓絃吟唱三國故事，吭腔蒼涼，至今歷歷彌新，有感賦之。

問襄陽、鳳雛何許？知人司馬曾語。南州冠冕真奇士，斜眄耒陽旌鼓。翀翮羽。輔先主、運籌入蜀收州府。奈何天妬。渺雒縣青雲，沱江春色，何處一丘土？

坡前路，鵑唳松嘶如訴。蕭森壇冷祠宇。鳳龍得一安天下，兼得竟驅降豎。安樂去。悵英物、風流恨被弓刀誤。嗟吁千古。就靖冢碑前，聆翁絃唱，長短斷腸句。

邁陂塘

復興崗畢業六十週年書贈同窗。

問浮生、百年存幾?依稀驪唱分袂。復興崗上痴兒女,橫槊馭龍馳驥。驚兩世。頓無迹,蓬萊清淺繩難繫。壯心未瘞。憶拓道清溝,膽肝相照,一股浩然氣。

情難逝,休道汾陽老矣,皤頭窗友雲集。擎杯共話枯榮事,笑問養生三昧。懷故址。旌雖易,夢魂長繞屯前水。此情無悔。有遼鶴歸來,棲遲華表,吟詠馬場地。

沁園春　八七自壽

臘鼓催之，雪髮欺之，馬齒落之。笑痴翁耄耋，年逢八七，明江吟客，虛負星移。偶戲方池，渾然忘老，風月清談不論時。蝸居好，倚南窗賞鳥，鵲噪鳩飛。

夷洲變幻陸離，又誤步嚣流不測溪。剩一筐吟草，一籮舊曲，一瓢而飲，一飯忘饑。南桂書生，獦獠學究，泡沫虛名旋滅吹。思何事，有青山對我，我醉斜暉。

沁園春

賀大作家吳東權學長第六十一本著作「人言詞話」問世

我飲長吟，君著新成，舉盞賀之。慕莆田人傑，蓬萊得意，馬場有幾，儔爾奔馳。歸隱菟裘，幽居鬧市，室滿詩書醽醁罍。休驚問，已著書百卷，鬌雪絲飛。

文壇老將崔巍。弄紙筆堆峰墨作池。問君才幾許，誰堪匹敵，縱橫影視，別樹旌旗。傳世文章，洛陽紙貴，興化英才今古奇。吾何幸，有鬌朋酒侶，同醉東籬。

風流子　懷藝宣舊館

七樓琴畫事，長相憶，縷縷上心頭。瞰街角路塵，市聲車影，鬧區繁店，燈匯虹流。北城外，碧潭春水涤，扶老槳蘭舟。烽鼓廈金，舞收驚步，藝壇新秀，磨拭吳鉤。　年芳東逝水，空回首、鏡髮似雪堪羞。多少窺星眠月，蝶夢悠悠。悵聚散歌闌，銷殘五紀，六么何處，綵筆難求。料想引觴言舊，又惹新愁。

藝宣隊成立於民國四十六年，直屬國防部之特定編組，全隊九人，分美術音樂兩組，執行藝宣任務四年，駐北市衡陽街七樓。今三人已逝，一人失智臥床，存者皤頭老叟。

望海潮

少年遊學皇城，識南明舊事，倏忽六紀矣，今重訪故地，有感賦之。

桂林山水，灕江瀲灩，南明舊事悲愴。獨秀嶺旁，皇城恙否，想來徒自淒涼。往事只堪傷。嘆忠宣式耜，難挽狂瀾。零落三王，只今丘壠在何方？　長河不問興亡。看奇巖疊彩，象鼻波長。玉帶綰煙，蘆笛夢雨，依然錦繡風光。遼鶴識城牆。算綵毫千紙，難寫滄桑。喚取三花老酒，酣飲洗愁腸。

三王：福王朱由崧、唐王朱聿鍵、桂王朱由榔。

瑞鶴仙

嘯林邀飲賦長句贈君一笑

臘冬寒未久，甫雨霽珠收，喜逢晴晝。聞君喚酬酎。記當年，讀秒同機時候。遨翔覽秀。金三角，蠻荒狩獸。寶劍藏，作育青衿，化雨惠風盈袖。　知否。情真儒雅，濁世塵中，似君稀有。庭芳葉茂。天驕子、各擁成就。愛樂翁，品古今仙籟曲，笑取天長地久。願年年、與爾同傾，醁醽美酒。

水龍吟

醉鄉夢裡雲行，下臨仙島如無地。棲遲六紀，華胥幻景，自珍痴寐。蝶舞三山，牽龍騎鳳，排雲乘氣。問無情世路，名韁利鎖，誰真識，虛無味。　堪笑南窗老叟，枕幽篁，挹丘青翠。百年過客，忘機忘己，何妨尋醉。酒洗塵腸，玉山催倒，泥眠香睡。待斑鳩課早，鶺鴒啼曉，喚劉伶起。

水龍吟　賀將軍雨辰學長九秩嵩壽

馬場桃李門中，幾人真是經綸手?衡陽輔伯①，文才武學，柳營稀有。墨舞龍虵，丹青金石，知章詩缶②。望書香庭瑞，錦衣行晝③，桐陰道④，青如舊。

虎帳功成名就。沐清風，赤松閒走⑤。廉頗未老，壯心猶盛，氣凌牛斗。耄耋蘭亭，覺村祝嘏⑥，群星前後。賀金丹轉九，八千椿歲，介將軍壽。

①隋大將軍賀若弼，字輔伯。

②唐詩人賀知章。

③史記項羽本紀：「富貴不歸故鄉，如錦衣夜行，誰知之者。」

④北宋兩韓並盛，潁川韓氏京師第前多植桐木，以別相州韓琦。

⑤史記留侯世家：「封萬戶、位列候，此布衣之極，於良足矣。願棄人間事，欲從赤松子游耳。」

⑥「覺村聯誼會」，政工幹校一期校友聯誼社團。

水龍吟　落葉

天涯又見衰楓，望中故里秋深到。離枝羞墜，護根心在，春泥化早。紅染江皋，蕭蕭落木，積愁多少。奈麻姑清淺，相逢無識，南歸鶴，尋華表。　何遜只今已老。怯題詩，暮年懷抱。時序侵人，淹留風雨，聞雞事杳。如許金飆，雙欺葉髮，數聲啼鳥。正銷魂卻是，思難歸枕，月沈星曉。

水龍吟　賀人言學長吳公東權八六嵩壽

人言詩話微吟，卷香娟娟飄襟袖。髮銀歲月，玉珠爭問，椿萱安否。絕代郵童，墨耕五紀，文壇奇秀。看龍虵筆掃，句裁螭錦，萬夫望，誰能右。　又值菊黃霜後。正長庚，光躔南斗。祥開華旦，東門騷客，呼長生酒。彭祖巫咸，蓬萊傳語，金丹旋九。報崑崙閬苑，仙桃降賜，賀吳公壽。

吳公著作出版書目有「人言詩話」「銀髮歲月」「絕代紅妝」「郵童六憶」等五十餘本。

念奴嬌

復興崗畢業五紀英雄館餐會贈席上窗友

大屯蒼翠，又匆匆過了，寒食時節。長記馬場龍虎地，投筆青衿環列。鍾鍊烘爐，胆肝輝映，陶鑄成鋼鐵。復興崗上，根栽多少英傑。　回首五紀今朝，驪歌高唱，各賦開新頁。彈指秋眉換翠羽，滿座皤頭如雪。尊酒歡逢，故人長健，交錯催觴熱。英雄高會，快哉談笑江月。

念奴嬌　感事

三山悲嘯，嘆蓬萊仙島，角蝸爭切。舌客傳媒裁亂草，捉影捕風嘲聒。濫也民聽，傷哉民主，底事相煎烈。倩誰隻手，撥雲還我日月。　須信天理人心，古今不泯，一念融冰雪。桃李同畦閒苑圃，共惜同源同血。朗朗乾坤，東南砥柱，仗眾開新頁。和羹心在，挽狂瀾萬千迭。

念奴嬌　感事

天東海角，問仙洲塊土，可容狂客。欲挽天河還魄水，一洗蓬萊塵色。群舌爭鳴，新官諱寵，跛馬悲寒驛。傷哉老店，一人擎旆難得。　怎奈煮豆燃萁，和羹竈冷，藍玉成頑石。委地落梅魂未散，仍待來春消息。杞叟憂天，難消壘塊，拍案無人識。也應驚問，痴翁知否頭白。

念奴嬌

陳博士冠甫大師賜贈聯語賦長句示敬

蘭陽溪北，序頭城，當代詩王試墨。海飲詩書三萬卷，博士名鐫礨壁。國學畦浸，明師啟迪，窯繪生花筆。春風化雨，淡江傳道詩釋。　秀句飛上青雲，扶搖萬里，笑傲誰堪匹。論著千章洛紙貴，搊詠音分新格。精選吟篇，神州驚魄，再世白居易。大師詩勁，蓬萊常沐春色。

念奴嬌　賀李闈公果耳學長九秩嵩壽

李公果耳，有多少抱負，幾多聲價。劍閣書生耕漫畫，名振藝壇佳話。九秩期齡，童顏鶴髮，彭祖同春夏。金山喚酒，蝦觴今日共把。　秀骨不老青松，行藏用捨，玉樹風瀟灑。種柳東區陶令宅，笑富貴如塵馬。南極天星，千年神木，拱地仙行者。雙棲鸞鳳，大椿丹桂花下。

念奴嬌

聊城人傑，任翱翔、金鵬展翼雲攝。喜逢佳辰熊夢日，魯北書生英發。投筆駒崗，氣凌中土，鉤楫今猶熱。時移事易，問誰能補天裂。　　行藏瑤島風烟，菟裘萬壽，樂子高鶼鰈。身健目明千盞飲，詩賦箴言笑說。九轉金丹，群翁祝嘏，仙壽儔日月。龍翔席上，頌歌高詠無歇。

任公金鵬學長八六嵩壽賦長句骫賀

歲次丙申季春初三之吉

滿江紅

蘇軾美鬚，世稱髯蘇。今有髯吳，古今同美。甲午年逢吳公東權學長八秩晉七嵩壽，賦長句觥賀。

紫氣蘭溪，開五色，佳辰消息。云是處，莆田延壽，熊羆夢得。走馬夷洲鴻鵠志，驍崗起舞中流楫。美鬚翁，鶴算更龜齡，儔南極。　福樓會，窗友集。耆宿壽，長生客。看群星諸老，共斟瓊液。蝦酒殷勤千歲祝，髯吳早注神仙籍。倩雙成、王母賜蟠桃，堆瑤席。

滿江紅　賀萬將軍德群學長嵩壽

萬氏英才，德芳馥，群翁拜祝。都道是，五華當日，將星新毓。投筆馬場鴻漸翼，功名笑取東籬宿。寧福樓，壽酒十分斟，歌醽醁。　敦北廈，清淨福。輝耀事，都齊足。算窗朋有幾，似君榮祿。鶴髮龜齡元不老，丹台已注長生籙。賀年年，王母降金箋，蟠桃熟。

水調歌頭　重過赤崁樓

沉陸亂離客，峽海斷歸舟。鳳凰花發，邀我上覽赤崁樓。憶昔延平豪氣，渡海收台樹幟，明祚手擎留。遺恨道中殞，舊將一帆收。　猛回首，成感慨，鬱悠悠。男兒有淚，燕然鐫石事東流。休道南明故轍，羞問浮雲蒼狗，霜髮不憐頭。今過金城下，怯起仲宣愁。

民國四十年夏曾駐台南，今五紀歲逝，又見鳳凰木花發，有感賦之。

水調歌頭　過紅毛城

瀟灑淡河口，嵐湧大屯浮。登臨縱目，觀音山翠挹江舟。潮落潮升柳岸，人往人來漁港，勝地樂行遊。山水繪佳景，雲海自悠悠。　紅毛城，追往事，頓生羞。荷番東寇，船堅槍利據仙洲。幾度悲歡離合，天佑蓬萊寶島，還我故山丘。愛土焉分色，新史仗群修。

水調歌頭

創校六十週年餐會校歌唱後有感

休問白雲逝，老我似神仙。興崗舊曲，歌銷青髮換蒼顏。臥劍焚膏營裡，用舍行藏麾下，有語已忘言。握手一聲笑，肝胆早相牽。　青年心，千秋事，氣沖天。今朝把琖，豪情依舊似當年。此會明年誰健，須信人生如幻，能得幾歡筵。長揖蘭亭酒，縱醉亦流連。

水調歌頭　自貺

青壯釣鰲客，老歲莳花翁。當年狂狷，攀星探月氣凌穹。取我音端豪曲，吐我憂愁風雨，擂鼓挽彎弓。今只剩憔悴，回首晚霞紅。

歌一籮，詩半卷，酒三盅。塵勞擾擾，虛名彈指渺無踪。昔有離黍之思，今嘆爭鋒蝸角，有語問蒼穹。濁世歷塵劫，仙島跡如蓬。

水調歌頭

贈張將軍乃東學長慧玲學姐賢伉儷

東君馭瑤島，慧眼識英才。蓬萊天賜，山盟鶼鰈誓相偕。投筆驚崗相惜，各創一番天地，虎將伴金釵。歸隱菟裘宅，攜手步香堦。　繪丹青、調油彩，盛名來。窗朋有幾，得似君立將星台。世外桃花源裡，明月清風林下，儷影莫驚猜。朝夕子高樂，千里賞花開。

水調歌頭　選事有感

凍蒜競奇幻，歲震古夷洲。旌旗鑼鼓街巷，聲破九重樓。造勢頭家第一，廟口橋邊作揖、民主正風流。一票定王寇，勝敗幾歡愁。　耳語劍、黑函箭、碟光流。曾驚恨見、鋼丸穿血射街頭。朋黨交征疇昔，桃李畦爭今日，憾事幾時休？但願歪風息，共仗顧金甌。

江城子

銀濤峽海接夷洲。赤毛艞，據仙疇。延祚南明，鄭氏渡台收。天妒英才王竟去，空遺恨，恨悠悠。　蓬萊寶島各為謀。薯畦優，芋根羞。忍詘沉洋，吞淚寄衷幽。自損風流憂故轍，投憤激，入江流。

又

北山蒼翠竹坡頭。隱南樓，野桑幽。清淺灣溪，三兩鷺行游。枕上詩書閑讀好，身外事，雨中漚。　投林歸鳥白雲儔。憶征塵，思難收。拍案書生，一拍一添羞。倩此玉壺消永晝，翁老矣，自歌謳。

江城子

賦寄韓將軍中秋風雨盼月懷人雙調贈之

蟬來燕去逝如煙。想窗前，各衰顏。長恨東風，桃李負華年。猶記吟詩酬唱日，龍虎筆，傲前賢。浮生誰得老來閒。憶彭園，飲歡筵。君苦行舟，妙手仗佗仙。雨月不遮南望眼，時為我，一思懸。

行香子　贈席上諸學長

楓醉荒溝，人醉仙洲。笑羈翁，不奈悲秋。幽棲島北，思鎖凝眸。悵陸沈淚、延平恨、子山愁。　東門喚酒，梅竹香浮。覺村約，鱸膾福樓。塵勞遠矣，休論吳鈎。但綠波橫、藍波軟，絳波遒。

感皇恩　憶武陵

曾訪武陵溪，山清水好。行客穿梭比肩笑。繁花多事，引蝶招蜂爭鬧。中橫風景線，心縈繞。　誰記老兵，開山闢道。舊事如煙逝天杳。移根離恨，賸此斜陽啼鳥。悵然生感慨，傷懷抱。

感皇恩　賀吳公道文學長八秩晉四嵩壽

人傑出開陽，名彰仙島。藝術胸懷展襟抱。螢屏來去，留下規書瓊寶。億金難買得，安閑早。　十里畫廊，峰奇巖佼。靈毓畫家匹吳老。耆期杯舉，蝦酒般勤頻倒。壽君儔日月，年年好。

歲次乙未荔月十八之吉

一翦梅　偶感

偶記當年弄管絃。攝影棚間，紅粉歌前。拈花堆錦為誰妍。節目相牽，名利相煎。　彩海螢屏不測淵。窮了思泉，老了丁年。只今回首悵無言。往事如煙，忘世如仙。

漁家傲　自況

誤步摘星宮羽調，冷堦彈鋏人空老。目斷螢屏名利擾。埃塵掃，耄齡八六匆匆到。　案上詩詞吟詠好，酒殘欲醉和衣倒。蝶夢仙河飛到曉。春來了，梅花欲語痴痴笑。

臨江仙　柳

記得溪橋橋畔柳，黃鸝鳴綠繁枝。村童不識送行詩，長條隨手折，鞭犢競催騎。老去方知離別味，心驚飛絮沾泥。故園分袂滯丘坻。西風無限恨，搖落共悽迷。

臨江仙　浮梗

自笑此身浮梗泛，廣州海口夷洲。塵勞兩度話歸休，二毛生曉鏡，紅葉一山秋。役役利名俱往矣，渾忘自許難酬。廢興今古惹閑愁。浩歌和酒放，煙雨晚南樓。

臨江仙　清明望五指山

直到倖存俱去後，應無礙目睭眸。海洋無蓋倍堪羞。只因歌馬革，汗血自空流。　百戰死生休再問，如今歌舞夷洲。榮家廚滅見空樓。山頭無剩土，灰燼草虫啾。

臨江仙　來台六十四年偶感

甲子煙塵虛一夢，此生何問沉浮。艆艄入海別神州。漫嚐甘苦味，底事困淹留。　偶似楚狂君莫笑，渾忘擊楫中流。拼將雙鬢染霜秋。閑情知幾許，休上百層樓。

踏莎行

浩瀚汪洋，溟濛雲路。望中應是君行處。他鄉相憶莫招鷗，恐鷗未會傳人語。　數琖醇醪，一窗疏雨。依稀猶記陽關句。浮生聚散酒杯寬，別多聚少寧無遇。

踏莎行　賀宋公文濤學長嵩壽

齊魯奇才，鶴齡華誕，老人星喚群仙宴。拱杯祝嘏玉壺傾，金丹九轉銀盤獻。　螢幕光闌，東山事遠。北台鶼鰈身長健。靈椿枝秀滿庭香，蟠桃歲歲瑤池宴。

宋公曾參加東山島突擊戰役，服務華視退休。

南鄉子　星髮

青少馬場行，磨劍相期斬蛟鯨。歲去年來人老矣，何成。清淺桑田嘆此生。　愁積夢中驚。牢落南窗意未平。信手搔頭拈短髮，星星。羞問青青剩幾莖。

木蘭花令

南郊春色風光好，只是平生歡意少。八年離亂暗驚心，甲子淹留潘鬢老。　依稀夢裡崎嶇道。嶺樹山花無語笑。莫如停坐勸芳樽，休讓玉山頻醉倒。

虞美人　校慶六十二週年有感

馬場望斷屯前路，華表知何處？稻香田壠易高樓，只有南峰依舊、笑春秋。　天憐學子皤頭變，兩世邀相見。復興崗上故人稀，爭奈壯懷銷盡、少年時。

虞美人　偶感

蓬萊時見風兼雨，桃李畦爭處。莫訕外鳥慽皤頭，曾詡海洋無蓋、為何留。　浦汀鷗鷺同天地，後到先來耳。都云瑤島是仙洲，怎奈藍憂綠怨、幾時休。

虞美人

年逢小滿會敘賦小令贈席上華視同儕

三台繼㭨螢屏道，長記相逢笑。通宵達旦不知休，四紀春秋回首、夢悠悠。

長春會敘皤頭老，休惜金尊倒。飲闌人散各蒐裘，互祝眸明身健、再杯酬。

歲次丙申小滿前夕之吉

浪淘沙

瑤島晚霞紅，蝸角爭鋒。馬鞭橫掃疾如風。爭奈孤弓難摵柱，箭折庭中。　鑾觸合歡籠，心各西東。寡頭密室定雌雄。苦恨連年堂殿劇，歹戲連棚。

浪淘沙　貓空即景

桐杏滿青山，曲水灣灣。禽喧瓦厝見茶軒。石徑通幽塵不染，到此心寬。　梯圃翠綿連，風送香傳。金膏佐酒論衣冠。休笑箇翁垂老矣，且看杯乾。

浪淘沙

醉後自長哦，筆冷塵多。寸陰虛度嘆蹉跎。飄墮人間長短雨，幾許風波。　七紀一飛梭，子夜清歌。檢點生涯淚眼沱。滯酒未消閑攬鏡，羞見顏酡。

浪淘沙

書劍兩無成，蓬島飄零。悠悠兩世夢魂驚。霧鎖南山林寂寂，何處蓴羹。　宿酒未全醒，感世愁萌。相爭蝸角亂蛩鳴。夷跖由來難共飲，杯向誰傾。

浪淘沙　偶感

仙島翠煙濃，蝶舞花紅。無端吹起落山風。可惜畦分桃李地，自損春空。
蠻觸互爭攻，南北西東。外鄉本土幾時同？堂殿四年逢一劫，又見雌雄。

浪淘沙

外鳥慽眉頭，土鳥啾啾。蓬萊花樹滿山丘。只揀一枝棲已足，恁地難求。
鷗鷺共汀洲，天地悠悠。艷陽疏雨惠風柔。俱是島鄉尋夢客，禍福同收。

浪淘沙

七夕又中秋，木柵坡頭。蓬萊清淺此生浮。寄客相逢攜手坐，撫髮憐眸。　杯酒話思州，點滴鄉愁。東門城上古鐘樓。料想明江今夜月，空照園丘。

攤破浣溪沙　戲贈方桌諸君

縱使身迷麻將鄉，一生三萬六千場。傷古悲今多少事，已渾忘。　偶得三元時運好，難逢四喜汗濡裳。嗤爾扣牌還惡碰，自摸香。

鷓鴣天　九日

青少登高放浩歌，氣吞山海嘯長河。只今拄杖強登頂，潘鬢霜侵感慨多。　多少事，費吟哦。黃花對酒皺顏酡。明年誰健休相問，卻道皤頭奈我何。

鷓鴣天　酬友

底事心情可展眉，魚傳尺素見君詩。清風朧帶閑愁去，野鳥鳴窗似報知。　拈紙筆，捋花髭。相憐五紀恨同悲。羞將擊楫長虹劍，只作蒔花掘土錐。

鷓鴣天

晚歲幽居不問春，落紅狼藉自紛紜。慵聞蝸角交征事，欲作東山閑散人。　傾水酒、泯痴瞋。驀然回首百年身。此心安處無根蒂，世事灰飛野馬塵。

鷓鴣天　過秋瑾墓

東渡同盟杏眼張，分明俠氣屬紅妝。生憎積弱憂傾柱，欲挽天河洗八荒。　情不滅，夢能償。鑑湖波冷水留香。秋風秋雨愁煞恨，黃菊西泠映夕陽。

夢江南

幽夢遠，幽夢幾時休。萬里棲遲瑤島北，猶憐南國鳳凰丘。峽海暮雲浮。　今老矣，無語倚西樓。白酒欺人人易醉，子巂卻道有歸舟。底事自淹留。

憶江南

三五夜，明月正娟娟。島北淹留將六紀，渾忘歸思是何年。老恨恨芊芊。　憐寄客，今夜不成眠。醉裡擎杯邀皓月，似聞秋葉泣秋天。魂墜桂江邊。

西江月　贈友

憶昔桂南投筆，山河鼓角西東。仙鄉巧遇喜相逢，共話書窗舊夢。
夢冷吳鉤沉水，蕭疏鶴髮衰翁。今宵雖得引杯同。能消幾番相送。

西江月　自遣

南桂當年新綠，北台今日皤頭。桑田東海自沉浮，且喜樽中酒有。
不問九旬將至，回眸萬事皆休。原禽外鳥共悲秋。誰謂羈翁獨瘦。

西江月　心兵

誰送一場煩惱，難排恩怨仇情。人生如夢夢頻生。辜負良辰好景。　萬事豈隨人意，慎思取捨藏行。清心唯有去心兵，心海風平浪靜。

西江月　秋思

秋去三分之二，黃花猶盛慵看。月明風冷水微寒。島北蝸居已慣。　銀髮不勝梳掠，憂歡六紀孱顏。南樓南望拍闌干，誰識歸思恨晚。

浣溪沙

縱有歸心思也休，明江依舊水西流，殘蟬嘶葉自悲秋。
老去未銷桴海恨，新添磈磊滯心溝，月斜人倚醉鄉樓。

浣溪沙　偶感

南桂人來北島留，海風拍岸浪花浮，天涯濩落志難酬。
舊夢猶憐庭竹柏，新鄉驚見絳衣侯，殖民人傑芋翁羞。

菩薩蠻

少年狂簡輕離別，悠悠兩世盈復缺。清淺問桑田，月圓人未圓。　曾歸歸不得，兩岸風波惡。老去萬般空，莊周一夢中。

菩薩蠻　離情

別餞勸酒留相聚，驪歌暗奏催君去。留去總情深，君心知我心。　洛城容易到，人隔西東老。何日再同吟，拈詩杯共傾。

菩薩蠻　呈旅美蘭師

北台喜會留師住，機場折柳別師去。聚散問塵緣，門生兩鬢煙。　悠悠驚五紀，琴韻長相憶。何日沐春風，春風恩澤濃。

好事近　古寧頭

極目挹沙灘，海色滄茫如許。漠漠廢壕荒草，戰骨埋何處？　休尋火網吊孤車，酸風射眸苦。問太武鐫石，可有英靈賦？

阮郎歸　有懷

韶華不為少年留，老去更悲秋。慣聽風雨過西樓，一杯洗暮愁。傷往事，憶童遊。故人還在不。夢魂不到上思州，桂花香暗浮。

朝中措　過五指山

清明疏雨雨侵腮，偶霽惠風來。翻被桐花白眼，餘生只戀蓬萊。一坏黃土，忠魂義魄，五指山哀。誰酹新煙改火，慰靈不悔身埋。

采桑子　偶感

楊花不是無情物，揮手長亭，不忍離情。點點落英是淚凝。
誰憐芋叟仙洲老，鬢也星星，髮也星星。寄客何堪送客行。

減字木蘭花

鷗飛雲陣，望斷天涯無雁信。彈鋏空堦，花謝花開夢不來。
故人相對，不覺杯深同一醉。蠻觸相煎，數盡綿羊夜未眠。

卜算子

秘宅鎖金磚，海外錢流瀉。試看泥城囹室中，誰是腰纏者。　轉眼百年身，富貴如塵馬。鐘鼎山林總是空，底事其難捨。

卜算子

桂客海桴來，寄跡蓬萊島。如畫山河處處同，只是家園好。　偶遇故鄉人，多少悲歡調。對酒尊前老眼看，長嘆皤頭了。

相見歡

仙洲多少春秋，滿籮愁。老我驀然回首只堪羞。　書劍事，非耶是。志難酬，無奈酸風凌眼抵眉頭。

相見歡

邊城萬里衰翁，偶相逢。多少風霜煙雨欲言中。　思南桂，陸沉淚。酒偏濃，又是一聲長嘆引杯同。

卷下　十萬山人詩

目次

卷下　十萬山人詩

中國作家協會訪問桂林

口占四韻贈席上諸方家

桂林山水甲天下兩岸作家會桂林
遼鶴歸來親故土灕江依舊繞巖岑
嶺南翰墨多名士寶島書生瘠寐欽
文化交流攜手聚誰言閑訪自閑吟

歲次乙未荔月上澣

八七叟桂南十萬山人鄧鎮湘撰書

南樓手植松柏三紀成陰偶感賦之

浪跡蓬萊兩鬢華，綠坡斜巷寄吾家。痴痴筆下痴痴語，
小小盆栽小小花。老去宜閒閒不得，心期無事事如麻。
芋翁慵問秋深淺，松柏南樓倚暮霞。

贈覺村諸老

一席窗朋酒一樽，馬場濩落幾人存。悠悠世事隨流水，
渺渺功名豈足論。各宿陶籬寧福聚，月逢同飲覺村飧。
膽肝相照駒崗舍，且把東門作廄門。

過黃鶴樓

一橋橫渡大江流，高閣飛簷古畫樓。芳草汀洲依舊綠，
浮雲黃鶴竟何投。詩成崔顥誰能步，岸見靈均似賦憂。
行客幽懷千古事，烟籠柳岸惹人愁。

武昌江濱公園屈原銅像飄然欲起。

重訪皇城四韻

桂林山水桂林情，獨秀峰前萬緒縈。兩世鶴歸尋表柱，
一年人住枕皇城。只今草樹無營壘，依舊灕江有月明。
空對故居憐故土，誰言行客話閑行。

端午懷故園

怯向親鄰話故鄉，菜園村角瓦泥牆。明江波湧篔簹月，
壩水磨坊穲稏香。瑤寨瑤姑盤寶髻，方言土語韻悠揚。
嗟吾長憶枌榆里，且把歸心付杜康。

夜思

壯歲塵勞惹利名，只今憔悴白鬚萌。街衢夜靜思難歇，
陋室宵深夢未成。綰恨短長徒轉側，縈愁濃淡怨風鳴。
南窗寄客偏多感，何處扁舟一葉輕。

重九

筆架連峰落日斜，登高極目見孤鴉。林風似送秋來雨，山色猶分雲外霞。重九一樽搔短髮，羈遲五紀負黃花。浮生塵擾驚回首，何處東門學種瓜。

秒族

余曾側身電視人十九載退休，昔年同儕邀飲，暢談四十餘年前建台事，不勝唏吁，感賦四韻。

秒族回眸名利叢①，一章春夏雨煙中②。螢屏常惹迷塵涴，古剎頻敲驚世鐘。不悔泥身挖井日，尚留蟬蛻半枯桐。潮生潮落聲光渺，自品炭冰南桂翁。

①秒族：電視人自況。
②一章：周髀算經：「十九歲為一章」。

「大屯賸記」讀後

西嶽巍峨傲玉衡，邗江才俊國之英。揮毫漫掃千山雪，
散筆澀調醒世羹。秀句吟成藏佛意，杏壇傳道美儒名。
丹青共繪子高樂，書隱屯前隱亦明。

新聞學家戴華山學長著作「語意學」「新聞學」「大屯散記」等廿種，道號大屯書隱。

自詠

濩落濁塵八六秋，蓬萊清淺易桑丘。絃歌舊日吳鉤影，
藜杖只今雲鳥儔。夢冷黍離人逝水，魂銷涇渭馬來牛。
敲壺拍案難高枕，青女不煩早白頭。

無題　四首

南桂西江醉裡尋，鳳凰山擁翠微岑。煙花故土三春夢，劍冷夷州萬夜心。勒石揮戈曾囈語，濁溪濯足費哦吟。短歌長嘯悲青鬢，淚灑幽篁雨露深。

二

仙洲誰識土風涼，故國應悲峽海長。書劍無成虛度日，耆者猶客未還鄉。心香室度權舒意，酒冷杯添笑楚狂。外鳥留禽終委地，百年誰不夢黃粱。

三

峽分兩岸隔重洋，日日羲和送夕陽。來是青絲更白髮，
歸知故里變他鄉。倚窗迴望還復望，殢酒難嘗又再嘗。
困臥仙洲難入夢，況逢蠻觸互爭邦。

四

思緒絲棼夢不成，南窗枯坐夜淒清。乍來過雨蕉先警，
欲墜飛雲月怯明。舊恨每從杯底出，新憂偏向枕邊萌。
堪嗤寄客傷搖落，慵卜君平問死生。

作家協會訪問廣西，口占四韻贈席上諸方家

作家兩岸南寧會，青秀湖光笑靨迎。六紀鶴歸知表柱，一江東去未忘情。神州墨客多才俊，仙島耆耆樂筆耕。文化交流蘭渚地，誰言閑詠話閑行。

歲次乙未蒲月下澣

訪問柳州

兩岸作家會柳州，河東刺史詠城樓。江洄九折山川麗，奇石千秋萬古留。八桂詩書傳巷陌，蓬萊詞曲眾歌謳。交流共仗毛錐力，文化發揚筆勁遒。

貓空

一曲溪流數柳斜，踏青走訪杏林花。登高漫品三春味，顧影豈羞兩鬢華。老厝誰家無主燕，梯坡畦種暗香茶。含膏酒侶今何在，又見樟湖噪晚鴉。

無寐

西風蕭瑟報身衰，星漢迷眸斂慽眉。攬鏡自悲頭盡白，漱晨水冷齒先知。金烏難繫留長日，銀月誰催盈復虧。酒後高歌君莫笑，秋深無寐鶴歸遲。

登大霸尖

插天大霸一尖驕，勢壓群巒傲九霄。崖削難容懸草樹，
峰高唯惹紫雲歊。仰瞻碧落星辰近，俯瞰囂塵市井遙。
正是仙家修煉地，結跏趺坐聽玄濤。

九日

九日登高拄杖看，酸風射眼拂楓丹。啼鴉鳴樹秋山冷，
宿鳥歸巢暮色寒。溪上怯聽幽水咽，嶺間愁見瘦枝殘。
鄉關何處君休問，峽海滄波正瀰漫。

杞人

瑤島濁溪不恥東，何由憔悴怯途窮。扁舟含恨泥城水，駑馬驚愁原土風。朝夕品評緣色改，古今牛李互爭攻。杞人誰解天公意，長嘯一聲酒盞空。

秋聲

何處殘蟬咽幾聲，年來歲去總無情。倚陪紅葉憐秋暮，小醉金觴悵月明。傷世傷時愁共結，分畦分色怨何生。求閒那得真閒燕，又見街衢凍蒜鳴。

失題　四首

宣王惜未試齊竽，半坐三芝逐勢夫。忽赤忽藍川變臉，亦黃亦綠釣名沽。魚台本是夷洲土，嬴政原為仲父孥。老店休嗟傷濩落，若憐駘蹇更難吁。

「試齊竽」，典出韓非子內儲說：齊宣王愛吹竽合奏，未善竽者南郭處士得混入樂隊竊祿。繼位齊湣王卻喜獨奏，南郭怯逃。

二

長繩無力繫流光，歲去年來倍感傷。天上銀蟾盈又缺，人問遼鶴返俍翔。眼前有路歸迷路，身在他鄉卻故鄉。世事憂歡棋一局，青眉憔悴已成霜。

三

飛花向晚倍淒然，雲外魂消老樹邊。甲子風烟人事改，百年海水易禾田。吞鯨傲氣終難復，磈磊思消托酒煎。擇木棲枝非故樹，留禽候鳥陌連阡。

四

楚士矜矜獨善身，善身何苦弄風塵。田文門納三千客，冷邸廚虛飫幾人。駿足似因情寡踠，騾肩豈僅識磨輪。休悁藍鳥驚飛散，帄補旻寧古鏡新。

旻寧：清帝道光，補帄朝服，蔚為風尚。

清明偶感

五指山坡過客稀，纍纍枯塚自參差。丹心長記神州路，
碧血魂追舊旆旂。一笑泯仇豈得釋，百年桑海最堪悲。
墳前不見灰蝴蝶，野草荒丘對夕暉。

晚秋山野

世界漢詩同好會第卅九次詩題平水韻上平聲九佳

暮秋山野意難排，黃葉西風憶古槐。萬里棲遲悲寄客，
一聲鴉過咽蒼厓。菊花開盡催人老，尊酒傾空負壯懷。
重九無霜霜滿鬢，緣何至竟在天涯。

過復興崗

馬場故廄大屯前，長遣辜存歎逝川。顧我有懷書劍影，
知他相惜膽肝連。管絃曾奏燕然曲，滄海頻更穲稏田。
今日駒崗誰是主，望星問月不成眠。

過五指山

節至清明野色催，踏青閒步頓生哀。仙洲林小烏爭噪，
峽海雲深雁不來。寄客羈棲眉髮改，故人墳上白花開。
可憐埋骨山頭塚，誰酹春風酒一杯。

翠微岑

幽幽一徑上崎崟，踏石穿林野色侵。溪壑時聞秋水咽，巉嵒誰惹老松吟。纏藤似綰羈棲恨，玉海難傳寄客心。噪晚歸鴉催暮氣，山翁頻夢翠微岑。

寄贈震東大師

濟翁早悟菩提因，買得灣林十頃珍。溪鎖桃源春水窟，篁藏日月落花津。常來野鳥鳴籬徑，時見高人叩紫扃。珍重梁園耆耇客，箋飛依棹話鱸蒓。

松筠

痴翁幽趣在松筠，郊郭蝸居避涴塵。偶訪針濤銷濁氣，
閒尋山韻抱高真。夜闌臥聽芭蕉雨，晨曉窗收綠竹新。
看爾勁風猶直節，可憐腰折廟堂人。

感事

已慣仙洲歲暮更，微寒欲雨亂愁萌。客來淺酌中西酒，
梅落凋傷南北城。桃李畦爭緣底事，綠藍分色誤蒼生。
誰憐杞老憂天破，亂石堆胸怎滌清。

軍歌館

屏東縣政府創設軍歌館、展出六十年來經典軍歌有關文物，並附設卡通專區。拙作「勇士進行曲」「頂天立地」及卡通歌曲多首，恭列其間。受邀於民國一〇三年十二月十四日參與揭幕並致詞。有感賦句紀之。

軍歌史館甫新成，熱血音符撼柳營。
世紀流傳經典曲，攄英雄淚是斯聲。

桂南十萬山人鄧夏吟草

卡通歌

台北教育大學應用藝術研究所研究生劉玉婷，碩士論文「鄧鎮湘台灣電視卡通歌曲創作研究」，獲碩士學位，贈余論文乙冊，賦句贈之。

童詠偶成傳世謠，學黌述論卡通潮。無心插柳登堂殿，任爾琴挑剖六么。

聞鵑

離鄉七十二載有感

青少離家正暮春，崩奔桴海水雲身。東君八九囚羈客，望帝何勞又勸人。

棲遲

瓊島崩奔瑤島投，麻姑清淺易春秋。回眸二萬三千日，五紀棲遲五紀羞。

搔首

十萬青年志未酬，榮家蟬咽動空樓。樽前休論從戎什，搔破蕭疏老芋頭。

詠史　四首

尋韻微行幸李家，十年艮岳競珍華。長淮橫絕分南北，空嘆章惇語不差。

①宋徽宗（趙佶）幸名妓李師師，韋妃問「何物李家兒，陛下悅之如此」，答曰：「別有幽姿逸韻」。

②趙佶在開封造假山「艮岳」，費時十餘年，周遭十餘里，岳成北宋亡。

③議立趙佶時，宰相章惇反對云：「趙佶輕佻」。

其二

冰封二聖狩龍吟，何處家山苦寄深。縱使放歸歸不得，臨安宮柳已成陰。

①徽欽二帝被俘囚於五國城（黑龍江）南宋卻言「二聖北狩」。

②趙佶被俘作「眼兒媚」，詞中有云「家山何處」。

其三

十二金牌片紙和，風波亭上起風波。瘦書南渡空棺裡，一架燈檠恨更多。

①高宗殺岳飛求和，始得徽宗梓棺歸葬紹興，元初揚璉真伽「宣慰」，盜趙佶墓，發棺「屍骨全無，已化為一架燈檠」，怒踏碎之。

②徽宗書法自稱瘦金體。

其四

天下君臨高釁呼，榮華富貴世間無。趙昀身後知何價，鑲寶嵌金一夜壺。

楊璉真伽盜理宗趙昀墓，竟取出遺骸用金銀八寶鑲嵌當作溺器。

鳳凰山

鳳凰山上宋皇宮，亂草殘垣九里同。殿寺偏安誰省識，劫灰露電一焚空。

南宋皇宮位於西湖東南鳳凰山，周圍九里，元初楊璉真伽據為僧寺，後毀於火。

清明過五指山

五指悲風過壑哀，纍纍列塚野花開。山前山後英靈骨，都仗伯齡擁旆來。

周公第三子伯齡封於蔣，後以國為姓。

西湖懷古

江左繁華志士多，吳峰北顧舊山河。趙家萬里中州土，換取西湖十頃荷。

弔古寧頭

埋沙龍虎事堪哀，不悔當年投筆來。曾慕馬援歌馬革，問誰能得裹屍回。

感事　三首

駑馬失蹄路竹村，欲彰風骨惹絲棼。殿堂亂雨秋來急，眾口鑠金不忍聞。

其　二

玉山五嶽早融冰，兩岸遊人笑靨迎。擊楫舊歌休記取，好聲音到已忘情。

好聲音：電視節目「中國好聲音」。

其　三

老店疏枝欲落時，冰清玉潔太矜持。污泥委地悲難起，休怨風刀雨箭欺。

重過復興崗　二首

馬場故苑閉黃昏，何處樓台是殿門。吹徹麻姑滄海曲，鶴尋華表倍銷魂。

其　二

磨劍崗前浩氣生，吳鉤銷燼恨凝成。磻溪釣叟心仍熱，淡水西流望帝鳴。

驅月

羲和驅月夕朝忙，不許人間問短長。誰夢仙繩能繫日，醒來鬢髮早成霜。

憶桂圓樹

門前龍眼枝頭熟，少小嬉登掰入唇。一別枌榆驚六紀，如今攀折是何人。

讀白樂天詩「贈康叟」詠天寶遺民有感

八十棲遲滯不歸，香山憐惜乞寒衣。秦翁桂叟同今古，老芋辜存亦見稀。

壽李公

李老眉長書米壽，群仙降飲金丹酉。云公彭祖是前身，瑤母蟠桃千歲有。

霜

濁酒一盅澆壘塊，詩餘半闋洗閑愁。青娥不解傷秋意，猶遣飛霜上白頭。

柚

門前柚子正黃時，一樹黃金垂滿枝。搜盡迴腸難有句，前人騷客早題詩。

銅人

福門舊路名何在，祝嘏絃歌久未聞。垂柳拂湖春雨足，
銅人魚列各潛沄。

病因

八年獨夢未成真，辜負金繒愛土身。至竟病因緣底事，
可憐輪椅一夫人。

無題　三首

勝游沉醉夕陽紅，警世鐘鳴古寺中。佛境長存人境裡，人心難共佛心同。

其　二

蕭寂門庭莫見猜，邸清廚冷少人來。休言便當無情物，廉儉名留史頁裁。

其　三

都道三山海外天，人間樂土夢魂牽。誰知瑤島分桃李，身在蓬萊不是仙。

登高偶見

翡翠平湖硯墨池，連峰筆架擱毫錐。下凡笑寫蓬萊句，只恐詩仙返誤期。

春嵐

朝嵐冉冉繞青山，嵐自漫移山自閒。惟有騷人閑不得，尋章覓句詠春顏。

偶感　三首

仙洲民主最神奇，多數須從少數期。密室天王三兩語，滿山法案定雄雌。

其　二

一人授首撼東洋，血恨堪羞誓必還。神社階前應有語，屠城卅萬怎生償。

其　三

一著緋衣大聖生，殖民高級出麒麟。開封府尹殺無赦，且聽夷洲新寵鳴。

落花

待老坑前日欲斜，踏春遲到杏櫻家。陽和送暖花開早，悵對青枝弔落華。

過銅像園

魚列銅人草徑旁，如何昔日鑄榮光。古今多少銅駝淚，灑入長河水渺茫。

北狩吟　詠史

雪谷冰封莫倚欄，汴京入夢淚難乾。南歸應怯臨安冷，北狩雙悲五國寒。

題名花

為訪名花存世間，穿山越野不辭艱。火朱國色傾城笑，雙喜歡逢草地仙。

雙喜：稀有玫瑰品種。

孤鴻

飄零六紀繞天愁，過盡蓬萊南北頭。試問孤鴻何處適，身驚外鳥自悲秋。

有感

桑海百年豖舍新，蕭條老店起風塵。緣何舊柱千番換，笑煞空心販菜人。

花　下

老歲幾回花下醉，慵春今又誤芳菲。落紅坐惜無人問，
惆悵杯空對落暉。

金磚感事

打火掏金膽氣加，豈知貪字扣長枷。可憐致仕漁樵月，
卻照泥城圄圃花。

望月

菜園村裡庭中柏，木柵坡前陌上桑。兩地堪憐同望月，枌榆客裡各愁腸。

戲畬韓將軍問詩

若問山人可有詩，懶翁囊瘦句何遲。採得西崑花蜜後，東施脂粉報君知。

蟬

秋賦聲侵耳，愁聽爾細吟。傷時吞冷露，遯世吐清音。
客地憂歡淚，新鄉冰炭心。塵勞思臥葉，何處是幽林。

懷友

憶訪朝天門，石亭同坐語。悠悠水逝東，渺渺今何處？
壩鎖鎖成湖，江深深幾許？鵝園喚客遊，嗟爾松楸阻。

無題 二首

仙島亂雲飄，否臧名嘴囂。爭巢鳩鵲噪，倚枕庶人焦。
狍恨樊籠困，鴛愁令譽銷。窗南樽有酒，澆度可憐宵。

其 二

朝夕思能有，有來原是空。莊周痴夢蝶，列子御仙風。
西霸烏江劍，阿瞞八九軑。莫如杯在手，一飲醉顏紅。

鳳凰丘

疏雨重三後，微寒百五幽。正羞逢改火，復怯野鶻啾。
人老河湖滯，心驚日月流。長宵惟有夢，酹酒鳳凰丘。

重陽

瑤島逢佳節，幽居強不知。近山憐瘦菊，蝸舍惜瓶枝。
兩世淹留久，重陽鶴返遲。登高風露冷，目斷更凄迷。

葵潮

服貿難題發，葵潮學運喧。侵堂橫坐臥，佔院破窗門。
噲馬追時尚，反中夢獨根。出關成說客，免責仗新恩。

高情

冷意氾南樓，年行八六秋。含顰騷客醉，廓落桂翁羞。
島惹燃萁急，人祈亂雨收。高情惟有月，永夜照皤頭。

層雲

楓紅無過雁，海角轉飛蓬。酒困緣愁疊，詩敲枕上工。
春來花濺淚，秋去別思濃。極目終不見，層雲千萬重。

閒杯

老芋淹留客，詩書未棄身。雖無青眼顧，不怨二毛生。
願作山行叟，心期石樹親。閒杯忘世酌，一品醉中真。

顧杯

故土千行淚，他鄉百慮心。枕間翁夢遠，窗外雨風侵。
麗日繩難繫，親朋老易泯。殘陽眸裡盡，無語顧杯深。

感事

綠劍見縫挑，藍刀急套招。削金糧更薄，養命束飢腰。
羞聽無能調，渴嘗有慼瓢。苦營身後價，一握夕陽橋。

偶感

蒼翠龍虵地，小湖落日斜。香壇思桔柚，塑影自參差。
白色鎖金口，鶺鴒變黑鴉。銅駝應有恨，何苦厝天涯。

桔柚：大禹治水，東南島夷，厥包桔柚。

極目

閑登淩筆架，極目情難歇。已是北台人，猶憐南桂桔。
六紀別明江，淹留翁自咽。怯聽布穀鳴，奈又聞鵜鴂。
瑤島夢中身，庭柏思腸折。蒼茫峽海長，星沈何處月。

鶯

睍睆柳間鶯，嬌嬈宛轉鳴。穿林初度陌，誰識惜春聲。

題螽斯紅葉

花萼羞葉下，螽斯枝上鳴。閑愁流不盡，春水一江情。

題紅薔薇

刺玉凝紅艷，香收入瓣奩。何須誇富貴，寧愛醉酡顏。

題晚照

尋幽上翠岡，拈句入詩囊。迎客松林笑，相憐醉夕陽。

鄧鎮湘作品摘錄

電視作品

中視「華夏歌聲」(一九七〇—七一)

華視「晚安曲」(一九七三—七五)

華視「每日一星」(一九八七—八八)

音樂作品

勇士進行曲(一九五八)

捷報捷報(一九五八)

歌劇「龍崗」(一九六八)

唱得百花遍地香(一九六九)

頂天立地（一九七〇）
歌劇「愛的組曲」（一九七一）
甘露（一九七四）
把握人生的方向（一九七五）
小泰山（一九七五）
醒吾中學校歌（一九七六）
永平工商校歌（一九七六）
小天使（一九七七）
北海小英雄（一九七八）
泰山高中校歌（一九八一）
小仙蒂（一九八四）

藍色小精靈（一九八六）
小雪球（一九八八）
格林童話（一九九一）
登雲科技學院校歌（江蘇昆山）（二〇一五）

詩詞作品

南窗新詠（一九九九）
南窗吟草（二〇一一）
十萬山人集（二〇一六）